Nami und das Meer

CATHERINE MEURISSE

Nami und das Meer

Kolorierung
ISABELLE MERLET

Übersetzung
ULRICH PRÖFROCK

CARLSEN

VVRFFFRRFFF F

Was werde ich hier eigentlich machen können?

Das wollte ich gerade fragen! Was ist Ihr Projekt?

Ich möchte die Natur malen.

Wenn ich mein viel zu westliches inneres Bildarchiv auffrischen könnte, wäre das großartig.

Sprechen Sie Japanisch?

Ich kann nur »Guten Tag«: »konichiwa«; »Danke«: »arigato«; »Vielen Dank«: »domo arigato«; »Bitte«: »onegai shi masu«; »Bis dann«: »mata ne«.

»Das ist schön«: »kirei«. Das kann immer hilfreich sein.

»Domo arigato« für den Tee.

6

7

Dieses Grünzeug! Man kommt sich vor wie in einem Miyazaki-Film.

Ich ziehe die Filme von Takahata vor.

?

Haben Sie _Pom Poko_ gesehen?

...

Da habe ich mitgespielt.

Der Film, in dem wir Tanukis unsere Riesenklöten zur Schau stellen! Kult!

Ko... Konichiwa ...

Mögen Sie Haare?

Sie haben Glück, ich komme gerade vom Frisör.

ZUPF.

Bitte, Ihr Pinsel.

?!

Arigato ... W...Weil Anstand in Japan großgeschrieben wird, hätte ich eher gedacht, wir würden Visitenkarten austauschen ...

Wissen Sie, wie man ihn benutzt?

TCH!

Kennen Sie sich mit Shodo aus?

Was für 'ne Show?

Nehmen Sie Platz.

10

Ein Reibstein!

Richtig.

Geben Sie etwas Wasser ...

... auf den abge-schrägten Teil, man nennt ihn ...

... das Meer.

Dann bringen Sie mit Ihrem Tuschestift ...

PLOP!

... das Wasser auf die andere Seite, das Land. Reiben Sie mit dem Tuschestift auf dem Land.

FRRT FRRT FRT

Die Tusche wird flüssig!

Skritsch

Sie müssen wissen, Pinsel aus Tanu-kihaar sind heiß begehrt.

Die ... Die riechen doch, oder?

Halten Sie ihn schön senkrecht, etwa so.

Jedes geschriebene Wort bildet präzise das Objekt ab, das es beschreibt.

Was schreib ich da?

Psst! Konzen-triert bleiben.

13

14

15

Nicht gerade überlaufen hier ...

Nutzen wir's aus ... Zu uns, Mutter Natur!

... Begnügen wir uns mit einer Skizze ... Die große Kunst kann warten.

Konichiwa.

HAAA!!

Konichiwa! arigato! Domo arigato! Onegai shi masu! Mata ne!

Kirei!

Sind Sie Künstlerin?

Ja.

Der? Den hat mir ein Tanuki mit prächtigen Klöten geschenkt, und ...

Hier meine Visitenkarte.

Den rechten Pinsel zu besitzen heißt noch nicht, auch das rechte Bild zu malen.

16

Was tun Sie in dieser Gegend?

Ich möchte die Natur malen.

Es ist so schön und so ganz anders hier!

Ich schätze die Begegnung mit den Mysterien Ihres Landes.

Der Tanuki ... der konnte sprechen, wissen Sie?

Hüten Sie sich vor den Tanukis.

Mögen Sie denn keine Tiere?

Nur wenn sie nicht zu geschwätzig sind. Das beißt sich mit meinem Streben nach Gelassenheit.

Ihr Streben wonach?

Ich strebe einen Zustand an, der es mir ermöglicht, ein Bild zu malen.

Na, so was! Wie komisch, diese zufällige Begegnung zweier Maler am Ende der Welt!

»Ende der Welt« ... Für Sie vielleicht.

Darf ich Ihr Skizzenheft ansehen?

Das ist leer. Jedenfalls enthält es keine Zeichnungen, lediglich Gedichte aus meiner Feder.

Ich möchte eine Frau malen. Den Ausdruck einer Frau.

Ich muss gestehen, bisher herrscht da Ebbe.

Die Malerei scheitert. Einzig Haikus vermögen es. In siebzehn Silben vermag ich die Vergänglichkeit allen Seins besser umzusetzen.

Ach ja, die Haikus, klasse! »Still ruht er, der Wald, doch sieh dort den Tanuki, stolz prangt sein Beutel.«

Meines Erachtens kann kein Westler Haikus verstehen oder erschaffen. Sie vermögen es nicht.

Konichiwaaaaaaa!

schlpn schlpn schlpn

Großmutter, wir kamen einfach so herein!

Wie? Ein einfacher Tee soll es sein?

Bring ich euch sofort!

Entschuldigt bitte, ich habe euch nicht kommen hören.

Angenehm, diese Stille, nicht?

Vanille?

Ihr wollt was mit Vanille? Ich hab aber nur Rote-Bohnen-Kekse.

Wie meinen Sie das, Vergänglichkeit allen Seins?

Das, was außerhalb der Welt liegt.

Die Poesie, die ich anstrebe, gründet nicht auf irdischen Leidenschaften. Sie soll mich frei machen von den Belangen des Alltags und mir die Illusion verschaffen, diese Welt von Asche und Staub zu überwinden, und sei es nur für einen Augenblick.

Schätzen Sie Lyrik?

Ja. Aber ich lese sie kaum.

Oftmals liegt es im Wesen der Lyrik, nicht aus der Welt treten zu können. Insbesondere der euren, der westlichen.

Eure Poesie gründet auf dem Menschlichen und geht nur selten darüber hinaus.

Wie das, »nicht aus der Welt treten«? Und was ist mit Du Bellay? »Glücklich, wer wie Odysseus eine schöne Reise tat ... «

Haha! Diese Welt meinte ich damit nicht.

Der westliche Poet ist zu erdverbunden.

»Ich pflücke Chrysanthemen am östlichen Hag, betrachte gelassen die südlichen Berge.«

Diese Landschaft genügt, die Welt auszulöschen. Es steht keine Nachbarin hinter dem Hag und kein Freund ergeht sich in den Bergen, verstehen Sie?

Verspüren Sie dabei nicht auch das Gefühl, man sei der Welt enthoben, habe alles Materielle hinter sich gelassen?

Und diese Frau, die Sie malen möchten? Wo werden Sie die dann finden?

Zur Herberge von Nakoi ist es doch nicht weit, nicht wahr, Großmutter?

Diese seltsame Herberge! Wie kommt ihr darauf?

Wollt Ihr in den Thermalquellen baden?

Wenn nicht zu viele Gäste da sind, möchte ich gern ein Weilchen dort bleiben.

Oh! Seit dem Tsunami ist dort doch niemand mehr.

Außer dem Fräulein Nami und etwas Personal.

Der Tsunami von Nakoi? Ist doch schon lange her!

Eine Augenweide, das Fräulein Nami! Wie schön sie war bei ihren Hochzeiten ...

»Ihren«?

»... in ihrem zeremoniellen Kimono, das üppige Haar aufgetürmt. Als ihr Pferd unter dem Kirschbaum stehen blieb, fielen die Blüten auf sie herab und verunstalteten ihre Frisur.«

HA!

Wenn Sie zur Herberge von Nakoi gehen, dann halten Sie auf dem Weg am Grabmal der Schönen von Nagara inne.

?

»Einst widerfuhr dieser Frau aus reicher Familie das Unglück, von zwei Männern zugleich geliebt zu werden.

»Da sie sich für keinen entscheiden konnte, schrieb sie ein Gedicht, bevor sie sich ertränkte.«

»Wie im Herbst der Tau auf dem Miscanthus, so muss, ich fühle es, auch ich vergeh'n.«

So ging ihr kleines Lied!

Arg fröhlich.

Das Fräulein von Nakoi unterlag dem gleichen Fluch, von mehreren Männern geliebt zu werden.

Die Schöne von Nagara.

Und diese Stelen dort, was ist das?

Die Stelen besagen, dass vor langer Zeit eine Tsunamiwelle bis dahin kam und dass man in diesem Bereich keine Häuser bauen soll.

Das Meer kann jederzeit wiedererwachen.

Vorhin, als ich bei der Erwähnung der Braut mein Skizzenheft hervorzog, fiel mir nichts als das Antlitz der Ophelia ein, die des Malers Millais.

Kennen Sie das Gemälde?

Ja.

Weshalb erschien Ihnen das Gesicht des Fräuleins von Nakoi in einem englischen Bild?

Ich habe das Gemälde in London gesehen. Es hat mich enorm beeindruckt.

Sie sind gereist?

Als mein Land sich endlich der Welt öffnete, schickte die Regierung mich nach Europa, damit ich mir die westliche Kultur aneigne.

Fanden Sie dort Gelassenheit?

Nein. Ich kehrte erschöpft heim.

Ihr seid ermüdend.

In eurer Malerei macht ihr alles rund, voll, üppig. Bei uns ist alles flach. Auf die Oberfläche reduziert.

Üppig, üppig ... wohl eher bleich. Ophelia ist eine Ertrunkene, sie treibt auf der Ober-fläche.

Das ist nicht die Flächigkeit, die ich meine.

Aber ... Sie verwechseln das Fräulein Nami aus Nakoi mit der Schönen von Nagara.

Wollen Sie Nami ertränken, bevor sie sich selbst dazu entschließt?

Als Maler muss man bestrebt sein, Visionär zu sein.

Da ist die Herberge.

Konbanwa!*

Willkommen bei
Fräulein Nami.

Ihr Zimmer ist bereit.

Oh, danke!
Arigato!

Der Tee
ist heiß.

Domo
dankegato!

Dort steht: »Auch wenn der Schatten des
Bambus darüberfegt, bleibt der Staub auf
der Treppe unbewegt.«

Wie schön.

Ja, sehr schön, die Poesie.
Hilft mir aber nicht dabei, die
Hütte sauber zu halten!

* Guten Abend.

32

»Wie im Herbst der Tau ... auf dem Miscanthus ... so muss, ich fühle es ... auch ich vergeh'n ...«

Das Lied der Schönen von Nagara!

Entweder ist es ein Geist oder das Fräulein Nami.

Blütenschatten, Gesang im Mondschein, eine Frauengestalt. Beliebte Motive in der Kunst.

Ja, und nun?

Wo ist Ihr Skizzenheft? Los, zeichnen Sie!

Als ob das so einfach wäre!

Und Sie? Worauf warten Sie um diese Szene zu verewigen?

Ich?

Ich glaube nicht an Geister, ich bin einfach müde. »Jetlag«.

Gute Nacht.

FRRRRTTT

Guten Morgen! Ohayō!
Ohayō! Ihr Frühstück ist gleich bereit.
Ohay... oh!
»Blütenschatten, den Frauenschatten verdecken sie.«
Ich habe noch eins gemacht.
Ich seh's. Sie haben zwei Beulen auf der Stirn.
»In die Mondnacht hinaus tritt des Zierapfels Geist.«
Nicht schlecht.

Ohayō! Guten Tag und willkommen!

Fräulein Nami ...

Krebse auf Farnsprossen, Misosuppe, Reis, Nattō, Tempura von kleinen Fischen.

Der englische Maler Turner soll angesichts eines Salats gesagt haben: »Eine erfrischende Farbe, ich werde sie verwenden!«

Dieses Farngrün gibt es im Abendland nicht.

Weil es zwischen dem Rosa einer hier gefischten Garnele und dem Grau einer im Dorf getöpferten Keramik liegt.

Mögen Sie Nattō*? Ein Gericht, das Europäer meistens abschreckt!

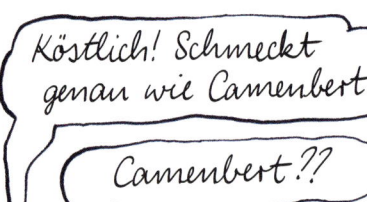

Köstlich! Schmeckt genau wie Camembert!

Camembert??

Pouäh!

MMPF MMPF MMPF

* fermentiertes Soja

Leben Sie schon lange hier?

Ich bin hier geboren und aufgewachsen.

Dann müssen Sie die Geschichte der Schönen von Nagara kennen.

Natürlich! »Wie im Herbst der Tau auf dem Miscanthus ...«

»... so muss, ich fühle es ... auch ich vergeh'n!«

Das hat Ihnen die Großmutter aus dem Teehaus beigebracht!

Nicht besonders schlau, sich wegen Herzensangelegenheiten zu ertränken, finden Sie nicht?

Äh ... Ja.

Und was hätten Sie getan?

Ich? Beide Liebhaber genommen! Und meinen Badeanzug.

Das ist ein Wort!

Was für ein Freigeist! Hat sie auch Europa bereist?

»Die Liebe ist ein Zigeunerkind, hat niemals Gesetze gekannt.«

Siebzehn Silben. Haiku.

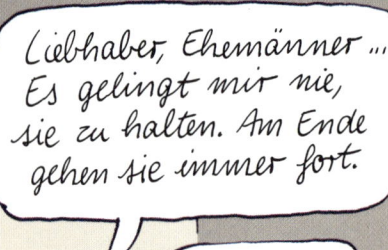

Liebhaber, Ehemänner ... Es gelingt mir nie, sie zu halten. Am Ende gehen sie immer fort.

Wieso?

Sie müssen gehen.

?

Was machen Sie hier? Tourismus?

Ich bin aus künstlerischen Gründen unterwegs. Ich möchte die Natur malen.

Die Natur hier fasziniert mich.

Welche Natur? Die, die verschwindet, oder die, die grollt?

Was?

Werden Sie das Geheimnis unserer Verbundenheit mit ihr ergründen?

Ich hoffe, Sie sind nicht zu empfindlich. Das Paar Natur-Japan zankt sich oft.

Besichtigen Sie die Gegend lieber schnell, bevor die erträumten Landschaften erwachen. Zum Wochenende wird ein Orkan erwartet.

Ach ja? Woher wissen Sie das?

Ich weiß es einfach.

Haben Sie das schon einmal erlebt?

Nein! Weder Orkan noch Seebeben noch Tsunami ...

... noch Vulkanausbruch ...

Geradezu jungfräulich!

Na gut! Ich gehe spazieren!

Ich habe Ihnen Onigiri gemacht, für unterwegs.

Und Sie?

Ich habe ein Haiku auf dem Feuer.

Die werden sich fragen, wieso mir ihre Natur so gefällt.

Ich wäre nicht imstande, es ihnen zu erklären. Ich habe niemals Vergleichbares gesehen, bevor ich in diese Gegend kam.

Die sanften Hügel, die Vielfalt der Bäume, die Moose, das Grün der Teeplantagen ...

Die Formen, die Linien, die Düfte ...

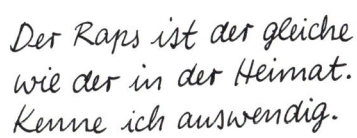

Der Raps ist der gleiche wie der in der Heimat. Kenne ich auswendig.

Aber Raps mit Kamelien durchsetzt ... Das kennt mein Herz nicht.

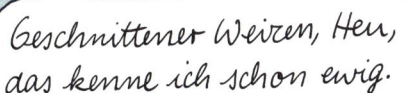

Geschnittener Weizen, Heu, das kenne ich schon ewig.

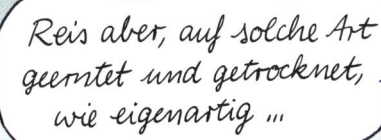

Reis aber, auf solche Art geerntet und getrocknet, wie eigenartig ...

»Glyzinienbäume« mitten im Wald ...? Davon habe ich nichts gewusst.

Glyzinien, natürlich.

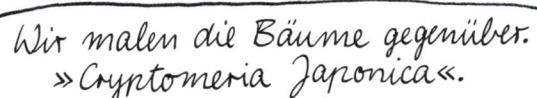

Da ist ein kleiner Tempel auf dieser Insel.

Besichtigen Sie ihn, solange noch Ebbe ist.

Ein Torii.

Überschreiten wir die Grenze zwischen der profanen Welt und der der Geister!

Dringen wir ein ...

... in geheiligtes Land.

Ohaa!!

Da fragt man sich, wer hier in was eindringt!

Ich liebe diesen Ort.

?

Er ist wie ich.

Und? Was hast du nun gemalt?

Och ... Nicht sehr viel ...

Gar nichts.

Was ich sehe, überfordert mich ein wenig.

Es ist zu groß, um gemalt zu werden.

Ich weiß nicht mehr, wo ich den Horizont setzen, welche Fluchtlinien ich ziehen soll.

Auf jeden Fall ist dein Heft zu klein, um diesen riesigen

Jaja, ist ja gut!

Ein der Fruchtbarkeit geweihter Tempel. Es bringt Glück, sich dran zu reiben.

Das Fräulein Nami war auch schon hier.

Kennen Sie sie?

Jeder kennt sie.

Dein Malerfreund, hat er sie schon abverbildet?

Noch nicht. Er quält sich damit.

Er will sie unbedingt als Ertrunkene darstellen, keine Ahnung, wieso.

Nur weil er sie im Wasser darstellt, wird sie nicht gleich ertrinken!

PAFF!

Aua

Maler nehmen sich alles heraus, ohne je etwas zu zerstören.

Und eine ertrunkene Frau, das gab's jedenfalls schon.

Beim englischen Maler Millait.

Von Hokusai nämlich.

Mit Hokusai kann man sich nicht messen.

Hopp!

Furchterregend, nicht wahr?

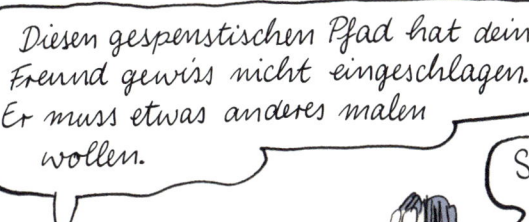

Diesen gespenstischen Pfad hat dein Freund gewiss nicht eingeschlagen. Er muss etwas anderes malen wollen.

Sie ...

... Sie bunkern ja so einiges unter ihren ...

Mein ganzes Leben!

Ich bin mein eigenes Wohnmobil.

Die Aussicht hier ist super.

Man erkennt die Burg Kumamoto.

Die Gerüste dort hinten?

Ja.

Sie wurde kürzlich bei einem Erdbeben zerstört. Seitdem streitet man sich um ihren Wiederaufbau.

Weshalb?

Die einen möchten sie originalgetreu restaurieren, aus Holz, die anderen aber aus Beton ...

... um große Schäden bei künftigen Katastrophen zu vermeiden.

Beton wäre doch Frevel.

Jepp. Wir ziehen Holz dem Zement vor.

Wir schätzen das Vergängliche, das sich in seiner Erneuerung der Ewigkeit nähert.

Wenn die Burg nach jedem Beben in Holz wieder aufgebaut wird, ist es, als lebte sie, verstehst du?

Alles ist zur Wiedergeburt bestimmt.

Eben.

Und was ist das da, in der Ferne?

Haha! Ein gewaltiger Frevel.

Ein Tsunami-Schutzwall.

Da fühlt man sich gleich sicher, wie?

So wisset denn, Ihr Ahnungs-losen, dass einst die Menschen glaubten, der Gott Kashima halte am Weltengrund einen Riesenwels fest.

Als der Gott sich abwandte, bewegte sich der Wels ...

... und löste ein Erdbeben aus.

55

Noch ein Tempel ...

DONG DONG DONG

KLAPP!

Seid gegrüßt, Gott Kashima, voll der Gnaden ...

... Ich hoffe, Ihr seid wohl, dass es euch gut ergehe. Mit herzlichem Gruß.

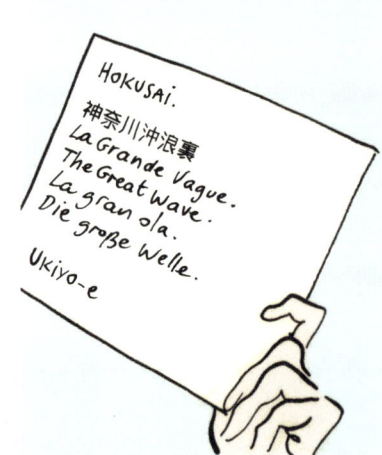

HOKUSAI.
神奈川沖浪裏
La Grande Vague.
The Great Wave.
La gran ola.
Die große Welle.

Ukiyo-e

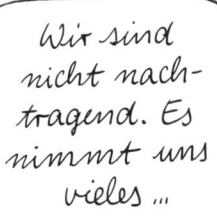

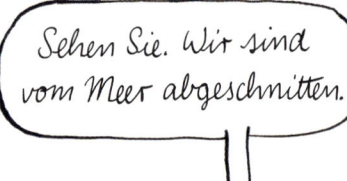

Unsere Reflexe schwinden. Wir rosten ein.

Das ist doch nicht so schwer zu verstehen!

Schließlich können sogar Sie das spüren.

Klar.

Ist ja lustig ...

Sie sieht ein bisschen aus wie Nami ...

Ich hab Hunger.

Was diese »Shodo«-Zeichen wohl bedeuten ...

Welch ... vertraute Fremdheit.

Die Herberge ist weit. Ich sollte zurück.

Keine Busse hier, kein Zug ... Trampen?

Es heißt ja, in Japan funktioniere das überhaupt nicht.

VRUMM

VRUMM

Vielleicht bedeutet der erhobene Daumen hier ja »fuck« oder »ich hab die Pest« ...

Wenn ich Levi-Strauss richtig gelesen habe, machen die Japaner alles andersherum als bei uns üblich.

Sie fahren links, steigen von rechts aufs Pferd ... für ein »Ja« schütteln sie den Kopf, so wie wir, wenn wir »Nein« meinen ...

KWUIK
KWUIK
KWUIK
KWUIK

Ich erkenne Sie!

Na klar.

Ist das Sake?

Ja, ist okay!

Vorsicht mit der Flasche Preußisch Blau. Die ist für Ihren Maler-freund.

Ah! Hat er also endlich was gesehen!

KWUIK KWUIK KWUIK KWUIK

Konbonwa!

Ist unser Maler da?

Er ist im Bad.

Vom Damenbad aus können Sie mit ihm sprechen: Die Trennwand ist aus Papier.

SCHLIP SCHLIP

SCHLIP

SCHLIP

SCHLIP SCHLIP SCHLIP

Maler! Ich hab den Tanuki wieder getroffen.

Ach?

»Ukiyo-e«.
»Bilder der fließenden Welt«.

Schon wieder?

»Fließende Welt« bedeutet vergängliche Welt, die Unbeständigkeit aller Dinge.

Ukiyo-Drucke sind Abbilder der Welt, wie sie sich unseren Augen darbietet.

Hokusai ist einer der berühmtesten Maler der »Ukiyo-e« Bewegung.

Der Tanuki hat von Hokusai erzählt.

Er hat gesagt, der habe schon eine treibende Frau gemalt, worum sollten Sie sich also den Kopf zerbrechen?!

Ungehobelter Sänger.

Allerdings ist Hokusai unübertrefflich.

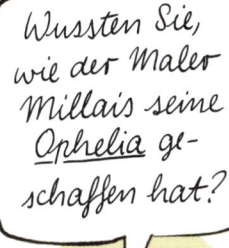

Wussten Sie, wie der Maler Millais seine Ophelia geschaffen hat?

Seine Frau hat für ihn posiert, völlig bekleidet, in der Badewanne ihrer Londoner Wohnung.

Genau. Dann hat er Laubwerk und Blüten hinzugefügt, die er im Frühling und Herbst im Garten eines Freundes betrachtet hatte.

In seinem Gemälde haben wir zwei vermengte Jahreszeiten vor Augen.

Die der Erneuerung und die der Rückbesinnung.

»Hanami«, die Betrachtung der Blüten im Frühling ...

... und »Nagori«, die Wehmut der Trennung im Vergehen der Jahreszeit.

Millais hat vergessen, die Lungenentzündung seiner Frau nach dem kalten Bad zu malen.

Die Shamisen von Nami!

Schnell!

Mein Motiv!

HAA!

WAMM

Teuflisch schemenhaft!!

Meinen Sie den Dampf?

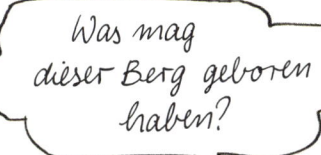

Und, was sagen Sie zu dieser Gegend?

Sie hat etwas zu sagen, so viel kann ich jedenfalls sagen!

Ich hab einen Riesen in einem Gestrüpp, eine Betonplatte, sich wellen sehen... Es fehlt ihnen nur die Sprache.

Haha! Der Tanuki hat Sie verhext ...

Eigenartig, die Fähigkeit, in den Formen der Natur beinahe Menschliches zu erblicken.

Wie wenn man Wolken betrachtet. Aber bei Ihnen ist das viel stärker.

Unsere Mythologien und unser Glaube befeuern Ihre Fantasie.

Dabei weiß ich gar nichts von Ihrer Kultur.

In der Natur Geschöpfe zu erkennen, das kann von Nutzen sein.

Ja ... es könnte mich dazu bringen, zu malen ...

Oder zu fliehen. Das Unbewusste, mit dem die Menschen begabt sind, lässt sie ungewisse, manchmal erschreckende Formen interpretieren und so den Gefahren entfliehen.

Archaischer Reflex!

Ich hatte keine Angst.

Das Seltsame an unserem Land wird Ihnen langsam vertraut.

Sie sind nicht von hier, beginnen aber dazuzugehören, seit Sie es betreten haben.

Wohin?

Hierhin.

Haiku?

Nein.

Jedenfalls finde ich alles schön.

Einmal in diese Gegend vorgedrungen, wird die Schönheit der Welt ein Teil meines Seins.

Ohne ein Bild zu malen, bin ich ein herausragender Maler.

Wird die Herberge das überstehen?

Oh! Die hat schon anderes mitgemacht.

Wir leben schon seit langer Zeit mit Naturkatastrophen.

WENN DER SCHATTEN DES ORKANS DARÜBERFEGT, BLEIBT DAS HAUS NICHT UNBEWEGT.

Dieses Blau hat Hokusai für seine berühmten Drucke verwendet.

»Preußisch Blau«.

Die Farben sind große Weltreisende.

Das ist das Blau vom Spiegelteich.

Sehen Sie sich's an, ist nicht weit.

Ist das ein guter Ort zum Malen?

Mit Qualen? Oh ja!

Und ein guter Ort zum Ertrinken!

Gewiss, wenn er zum Spiegelteich geht.

Sie trug einen Spiegel bei sich, daher der Name. Belanglos. Eine Anekdote, weiter nichts.

Die Schöne von Nagara hat sich dort ertränkt.

Ich weiß.

Bei mir heißt dieser Teich Salzteich. Denn er schmeckt nach dem Meer. Er ist ein Meeresarm.

Zeig mir »Die Welle«.

Was?

Hokusai.

Ha!

Sieh gut hin.

91

Da war sie etwa zehn.
Sie fuhr oft mit ihren Eltern
und Cousins hinaus zum
Fischen.

An diesem gab Tag es ein
Beben draußen auf See.

Diese Welle, das ist ...

... ein Tsunami, ja.
Die Folge des
Bebens.

Nami ist die einzige Überlebende
dieser Fangfahrt.

Sie ist die einzige Überlebende
von Hokusais »Welle«.

93

„ Sein Druck bereugt
ihn durch Vorstellungskraft.

Eines weiß ich jetzt immerhin über den Zettel hier ...

... »Wer das liest, ist doof« steht jedenfalls nicht drauf.

Eigenartig.

Ich betrachte die Natur, und dabei scheint sie mich zu betrachten.

Salzig, stimmt.

Immer diese vertraute Fremdheit ...

Die Düfte kenne ich nun, die Kamelienblüten, die Kontur des Vulkans ...

Vielleicht bin ich mir nichts, dir nichts wirklich »von hier« ...

Nun zu uns, Bruder Pinsel!

102

Aber er vielleicht.

Wer war das?

Mein Mann. Nun ja, einer meiner vielen Männer.

Wieder einen verloren.

Wieso das?

Er geht an die Front, wie die anderen.

Gibt's denn irgendwo einen Krieg??

Den »Krieg«, den regelmäßig die Natur dem Menschen erklärt, behaupten die jedenfalls.

Die Menschen halten sich immer noch für die Krone der Schöpfung und der Zerstörung.

Gelegentlich erinnert die Natur sie daran, dass sie zuerst da war und weiß, wie es geht.

Die See ist meine Informantin.

Sie sagt es mir, wenn eine Katastrophe heraufzieht.

Dann warne ich meine Liebhaber und schicke sie fort.

Sie gehen in die Städte, treffen dort auf das Chaos...

... helfen den Opfern, reparieren die Schäden.

Sie kommen nie zurück.

Gehorchen sie Ihnen immer?

Blindlings!

Schöne Sache, die Liebe, nicht?

Vor einigen Jahren hat ein Beben ein Kraftwerk im Norden des Landes zerstört.

Mein Gatte Nummer ...

... vierundzwanzig ging an die Front.

Ich habe nie mehr etwas von ihm gehört.

Entweder kommen sie um oder sie haben dort zu viel zu tun, um mir eine Postkarte zu schreiben.

Ich verabschiede sie am Ufer dieses Teichs. Eine hübsche Bühne.

Außerdem fotografiert der Teich uns so ein letztes Mal.

Unser Haus ...
Das Tal, wo ich aufwuchs ...

Ich habe alles erkannt!

Es dauerte nur einige Sekunden.

Es war mein Zuhause. Kerrückt.

Am Ufer des Spiegel-teichs kann alles geschehen.

Sie werden mir da nicht widersprechen.

Richtig.

Über ihr Gesicht zog ein Schatten, flüchtig wie der Tau ...

... und da wurde der Plan, den ich in mir trug, sogleich Wirklichkeit.

Nun, da dies geschah, bin ich bereit zu malen.

Der Schatten
der Sehnsucht.

Ich habe diese Männer geliebt und
ich habe glückliche Erinnerungen
an jeden von ihnen.

Ich bereue nichts.

Wind kommt auf.
Gehen wir.

Wartet!

Ehe ich's vergesse ...

Ich will endlich
wissen, was diese
Zeichen bedeuten!

»Yama«: Berg.

»Mizu«: Wasser.

Es bedeutet <u>Landschaft</u>.

»Berg-Wasser«?

Ja.
Zwischen den beiden kreist das Leben.

Nami!

Wenn alle Männer an die Front gehen, um Ihresgleichen zu beschützen, wer beschützt dann Sie?

Er.

Denn indem er mich malt wie Hokusai, macht er mich unsterblich.

Sie.

Denn wenn der Orkan alles auf seinem Weg hinwegfegt ...

OH! Ich habe nichts gemalt!

Ich male dann daheim in Frankreich, ganz bestimmt

Ihr Herbarium ...

* Ja.

catherine meurisse juin 2021

DANK

Kyoto
Takao und Kayoko Kashiwagi, Charlotte Fouchet-Ishii,
Sumiko Oe-Gottini, Masako Kotera, Masato Hirano.

Kumamoto
Akira und Kayoko Hamada.

Iki
Yoshitsugu Yamaura, Akira Yamaguchi, Shin Hanada, Vincent Lefrançois.

Paris
Augustin Berque, Gisèle de Haan, Adrien Samson, Philippe Ravon,
Isabelle Merlet, Jean-Jacques Rouger, Nicolas Trouillard.

Nami und das Meer ist eine sehr freie Interpretation des Romans *Kusamakura* von Natsume Soseki
in der französischen Übersetzung von René de Ceccatty und Ryôji Nakamura (Rivages poche).
Die Arbeit an dieser Graphic Novel wurde durch den Taifun Hagibis beeinflusst,
der die Kanto-Region im Jahr 2019 traf.

Dieses Projekt entstand während eines Aufenthalts in der Villa Kujoyama im Jahr 2018
mit Unterstützung der *Fondation Bettencourt Schueller* und des *l'Institut français*.

VON
CATHERINE MEURISSE
AUF DEUTSCH ERSCHIENEN

Die Leichtigkeit, Carlsen 2016

Olympia in love, Reprodukt 2018

Weites Land, Carlsen 2019

Elza (mit Didier Lévy), Carlsen 2021

Nami und das Meer, Carlsen 2022

Wir produzieren nachhaltig
· Klimaneutrales Produkt
· Papiere aus nachhaltigen und kontrollierten Quellen
· Hergestellt in Europa

MIX
Papier aus verantwortungsvollen Quellen
FSC® C002795

CARLSEN COMICS NEWS
Jeden Monat neu per E-Mail!
www.carlsencomics.de
www.carlsen.de
Carlsen-Bücher gibt es überall im Buchhandel und auf carlsen.de

© Carlsen Verlag GmbH · Hamburg 2022
Aus dem Französischen von Ulrich Pröfrock
LA JEUNE FEMME ET LA MER
Copyright © DARGAUD 2021, by Meurisse
www.dargaud.com
All rights reserved

Redaktion: Sabine Witkowski
Herstellung: Bettina Oguamanam
Handlettering: Olav Korth
Satz und Bildbearbeitung: Minou Zaribaf
Alle deutschen Rechte vorbehalten
ISBN 978-3-551-76388-4